Aktives Trauern

Abschied von Deinem alten Ich

Arbeitsheft

Maria Anna Bröder

Schriftliche Meditation für mehr

Klarheit und Freiheit

Für Loki

Impressum

Texte: © Copyright by Maria Anna Bröder
Umschlag: © Copyright by Maria Anna Bröder
              83115 Neubeuern
              www.mariannebroeder.de

Herstellung und Verlag: BoD – Books on Demand, Norderstedt

Bilder: Freepik.com: @newfabrika @rawpixel.com @semipetro
@4045 @kjprgeter @wirestock keemmido @bodysport

ISBN 9783755782957

Printed in Germany

Bibliografische Information der Deutschen Nationalbibliothek

Die Deutsche Nationalbibliothek verzeichnet diese Publikation
in der Deutschen Nationalbibliografie; detaillierte bibliografische Daten sind im Internet über http://dnb.d-nb.de abrufbar.

„Die Verschmutzung des Planeten ist nur die Spiegelung im Außen, von einer psychischen Verschmutzung im Inneren, ein Spiegel für die Millionen von unbewussten Menschen, die keine Verantwortung für ihren inneren Raum übernehmen."

Eckhart Tolle

Arbeitsanweisung:

Schriftliche Meditation für mehr Klarheit und Freiheit.

Sorge dafür, dass Du Ruhe hast und Dich niemand stört, solange Du Deine Übungen machst.

Bewahre Deine Arbeitsbücher an einem Ort auf, an denen sie vor den Augen anderer sicher sein können. Du musst bei der Bearbeitung der Übungen zu 200% ehrlich sein können und nicht ständig daran denken müssen: „Hoffentlich liest das keiner!".

Versuche bei den schriftlichen Übungen spontan zu antworten. Bleibe erst einmal wertfrei und neugierig.

Einfach schreiben!

Lass keine Übung aus.

Wenn Du mit einem Heft durch bist, verschließe es (ich verklebe meine sogar mit Klebeband) und lege es zur Seite.

Lass los!

Das ist ein wichtiger Teil der Arbeit. Du musst nun nicht mehr daran denken und darfst sogar vergessen, dass du darin gearbeitet hast!

Falls Du ein ähnliches Thema bearbeiten möchtest, besorge Dir ein neues Heft und fange darin ganz von vorne wieder an.

Traumatische Situationen sind kein Kinderspiel und ich möchte Dir hier an dieser Stelle zuerst einmal empfehlen, professionelle Hilfe in Anspruch zu nehmen!

Bevor Du mit diesem Heft arbeitest:

Such Dir einen geschützten Raum.

Wenn Du willst, arbeite im Beisein einer Person Deines Vertrauens.

Schau, dass Du nicht gestört wirst.

Nimm Dir mindestens ein bis zwei Stunden Zeit.

Sorge vorher für die nötige Ruhe. (Telefon, Haustürklingel)

Leg Dir Taschentücher bereit.

Wenn Du fertig bist, gönne Dir etwas Gutes oder Schönes.

Geh schick Essen, mit Freunden ins Kino, kauf Dir eine große Tafel Schokolade oder setz Dich in die Sonne und fühle Ihre Wärme auf Deiner Haut.

Vorwort / Einleitung

Es gibt Erfahrungen im Leben, die uns nachhaltig negativ beeinflussen. Sie rauben uns Energie, beschränken unser freies Handeln und Denken, rauben uns Lebensfreude und bescheren uns Alpträume.

Unterbewusst tragen wir ständig den Vorwurf dem Menschen gegenüber mit uns mit, der uns das angetan hat. Es können uns aber auch Schuldgefühle quälen; zum Beispiel: „Wieso war ich bloß so dumm?"

Der Schmerz, der Verlust und das Leid sind ein ständiger Begleiter. Wie ein Schatten gehen sie neben uns her. Mal sind sie uns voll bewusst und wir spüren sie wie kalte Hände, die sich von hinten um unseren Hals legen.

Manchmal vergessen wir sie, haben kurze Zeit mal wieder ein paar schöne Stunden, aber irgendwann, wenn wir müde sind, wenn wir uns machtlos fühlen, dann sind sie präsent und ziehen an unserer Aufmerksamkeit. Sie ziehen uns in ein tiefes schwarzes Loch und wir sehen keinen Ausweg mehr. Das Gefühl der Machtlosigkeit ist so groß, dass es uns komplett handlungsunfähig macht.

Hol Dir Hilfe!

Solltest Du noch in der Situation sein, in der es um Deine Gesundheit, Dein Wohlergehen oder Dein Glück geht, hol Dir Hilfe. Ruf die Polizei und bring Dich in Sicherheit. Lerne Selbstverteidigung, suche Notrufnummern von ehrenamtlichen Diensten heraus oder geh zu einem Deiner besten Freunde.

Solange Du in einer Situation bist, in der Dir jemand schadet und Du nicht jede Möglichkeit, die sich Dir bietet nutzt, um Dir Hilfe zu holen, trägst Du mit dazu bei, dass Du verletzt wirst.

Traumatische Situationen sind kein Kinderspiel und ich möchte Dir hier an dieser Stelle empfehlen, professionelle Hilfe in Anspruch zu nehmen!

In Sicherheit

Sobald Du in Sicherheit bist, in einem geschütztem Raum, wenn Du Menschen um Dich hast, die Dich lieben und für Dich da sind, sobald Du wieder 100%ig Herr Deiner Lage bist, die Tür verschließen und Dich um Deine „Wunden" kümmern kannst, ist es an der Zeit, dass Du genau das tust.

Kümmere Dich um Dich, um Deine Wunden und um Deinen Schmerz, Deinen Verlust. Betrauere, was Dir passiert ist.

Nimm Dir all die Zeit die Du brauchst und spüre das Leid am ganzen Körper, dass Dir angetan wurde. Du musst jetzt nicht mehr stark sein.

Du schaffst das auch allein.

Koch Dir selbst Deinen Tee, zieh
Dich in Deine Höhle zurück und
nimm Abschied.

Beschreibe ausführlich Dein Erlebnis!

Auf was musstest Du in Deinem Leben verzichten? Was wurde Dir verwehrt? Was wurde Dir angetan? Nenne Dein traumatisches Erlebnis, dass Dein Leben heute noch beeinflusst und/oder negativ belastet. Beschreibe ausführlich wie es dazu gekommen ist, wie Du Dich gefühlt hast und was genau passiert ist. Bei Bedarf nutze ein zusätzliches Blatt Papier, um genug Platz zum Schreiben zu haben.

(Ich konnte meinen Traumberuf nicht ausüben, weil mein Vater nicht damit einverstanden war…) (Mein Mann hat mich geschlagen…)

. . . .
. . . .
. . . .
. . . .
. . . .
. . . .
. . . .
. . . .
. . . .
. . . .
. . . .
. . . .
. . . .
. . . .
. . . .

Wem gibst Du die Schuld? *Warum? (Meinem Vater, er hat es mir verboten.) (Meinem Mann, weil er ständig betrunken war.)*

. . . .
. . . .
. . . .
. . . .
. . . .

Was hast Du (in dieser Situation) getan?

(Ich habe einen anderen Beruf gewählt, als den, den ich eigentlich haben wollte.) (Ich habe mich stillgehalten. Ich habe mich nicht gewehrt)

. . . .
. . . .
. . . .
. . . .
. . . .
. . . .
. . . .
. . . .
. . . .
. . . .
. . . .
. . . .
. . . .
. . . .

Warum hast Du Dich so verhalten? Warum hast Du diese Entscheidung getroffen?

(Um mir die Liebe und die finanzielle Unterstützung meines Vaters weiterhin zu sichern.) (Ich dachte mich so vor noch schlimmeren Schlägen/Schmerzen schützen zu können.)

. . . .
. . . .
. . . .
. . . .
. . . .
. . . .
. . . .
. . . .
. . . .
. . . .
. . . .
. . . .
. . . .
. . . .
. . . .
. . . .

Was hättest Du stattdessen tun können?

(Ich hätte mich für meinen Traumberuf entscheiden können, hätte finanzielle Engpässe in Kauf genommen, um mir meinen Traum zu verwirklichen. Ich hätte in meinem Traumberuf so erfolgreich sein können, dass ich mir den Respekt und die Anerkennung meines Vaters wieder gesichert hätte.) (Ich hätte schon viel früher zur Polizei gehen können oder zu einer Einrichtung, wo man mir geholfen hätte.)

. . . .
. . . .
. . . .
. . . .
. . . .
. . . .
. . . .
. . . .
. . . .
. . . .
. . . .
. . . .
. . . .
. . . .
. . . .

Meditation:

Geh in die Situation zurück, und durchlebe nochmal Deine Entscheidung gegen Deinen eigentlichen Wunsch.

Triff diese Entscheidung in Deiner Erinnerung nochmal. Dieses Mal aber bewusst.

Spüre wie Du Dich selbst für diese Wahl entscheidest. Mach Dir den Schmerz bewusst, den Du Dir durch diese Entscheidung selbst zufügst und spüre diesen Schmerz.

Durchlebe ihn bewusst und mit allen Sinnen.

Versuche tief und entspannt zu atmen. Wenn Du weinen möchtest, dann weine. Nimm Dir die Zeit, die Du dafür brauchst. Akzeptiere Deinen selbstgewählten Verlust, auch wenn es extrem schwer ist.

Erkenne, dass Du in dieser Situation keine andere Lösung wusstest, keine andere Möglichkeit hattest, keinen Ausweg gesehen hast und Dich damals nicht anders entscheiden konntest.

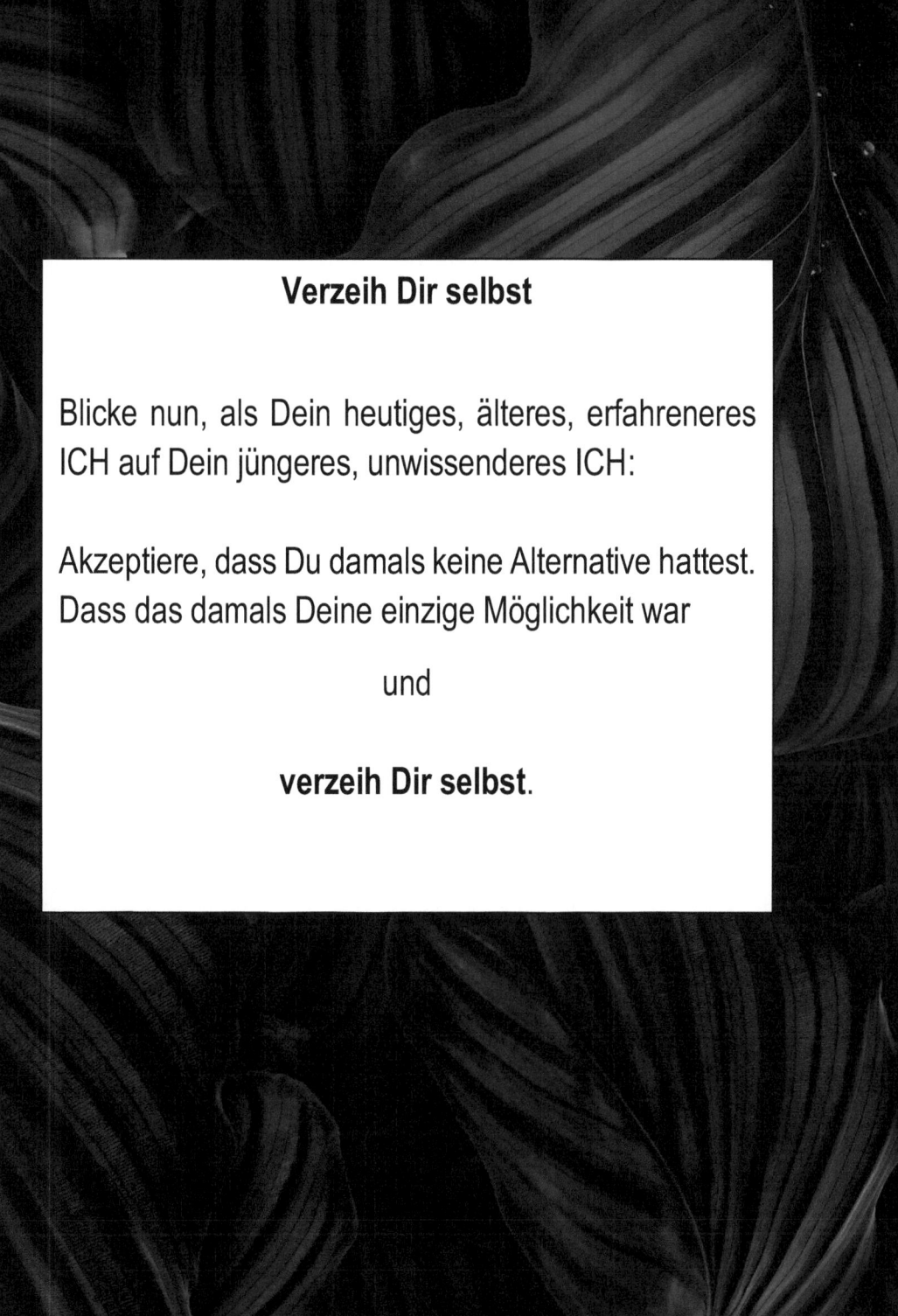

Verzeih Dir selbst

Blicke nun, als Dein heutiges, älteres, erfahreneres ICH auf Dein jüngeres, unwissenderes ICH:

Akzeptiere, dass Du damals keine Alternative hattest. Dass das damals Deine einzige Möglichkeit war

und

verzeih Dir selbst.

Komme im Hier und Jetzt an.

Konzentriere Dich auf Deine Atmung. Schau Dich um. Mach Dir bewusst, wie gut es Dir jetzt bereits geht. (Essen, Bett, Dach über dem Kopf, Familie, Freunde.)

Mach Dir bewusst:

Es ist vorbei! Du bist Jetzt in Sicherheit.

Stell Dir dieses Traumatische Erlebnis als Narbe vor.
Entweder auf Deinem Körper oder auf Deiner Seele.
Akzeptiere, dass sie jetzt da ist. Auch, wenn sie im
Laufe der Zeit verblassen wird, sie wird immer ein Teil
von Dir sein.

Nimm Abschied von Deinem alten Ich.

Nimm Abschied von der Person, die Du vor diesem Erlebnis warst.

Sie existiert nicht mehr und das musst Du akzeptieren.

Es ist wie einen geliebten Menschen zu verlieren.

Was ja auch zutrifft. Du hast Dich, oder zumindest einen Teil von Dir verloren.

Du darfst weinen und schreien.

Du darfst in Deine Kissen boxen oder auch eine Blumenvase an die Wand werfen.

Betrauere aktiv,
was Dir passiert ist.

Nimm Abschied und lass dann los.

Um das Ganze noch aktiver und bewusster zu verarbeiten nimm Gegenstände, die Dich an dieses Erlebnis erinnern, nochmal zur Hand. Betrachte sie von allen Seiten, erinnere Dich was, wann und warum diese Gegenstände mit diesem Erlebnis in Verbindung stehen.

Pack sie in eine Kiste auf den Dachboden oder am besten wirf sie in den Müll. Mach ein Lagerfeuer im Garten und verbrenne alles. Die Asche kannst Du zu einem Fluss bringen und sie in die Wellen schütten.

Du kannst eine besondere Kerze anzünden, sie ausblasen und wenn Du beobachtest wie sich der Rauch verzieht, lass Dein altes Ich, Deinen Schmerz mitfliegen.

Wenn ein Mensch stirbt, haben wir eine Beerdigung, um uns von ihm zu verabschieden. Für Dein altes Ich musst Du Dir selbst etwas überlegen.

Egal welches Ritual Dir gerade guttut. Vielleicht machst Du etwas zusammen mit Freunden. Oder Du nimmst Dir alleine die Zeit, um diese Erfahrung zu verabschieden. Es geht um Dich. Ganz egal wie, aber zieh auf Deine Art einen Schlussstrich.

Beschreibe nun Dein Ritual, dass Du durchführen wirst, oder durchgeführt hast, um den Abschied aktiv zu gestalten:

. . . .
. . . .
. . . .
. . . .
. . . .
. . . .
. . . .
. . . .
. . . .
. . . .
. . . .
. . . .
. . . .
. . . .
. . . .
. . . .

Übergib alles dem Universum.

Es ist jetzt nicht mehr Deine Aufgabe, Dich mit diesem Ereignis noch länger zu beschäftigen. Es ist geschehen und vorbei. Deine Aufgabe ist es nun nach vorne zu blicken und die Vergangenheit loszulassen.

Hattest Du eine Erkenntnis?

Ist Dir etwas bewusst geworden, was Dir vorher noch nicht bewusst war? Ein Aha!-Moment?

Schreib es auf:

. . . .
. . . .
. . . .
. . . .
. . . .
. . . .
. . . .
. . . .
. . . .
. . . .
. . . .
. . . .
. . . .
. . . .
. . . .
. . . .
. . . .

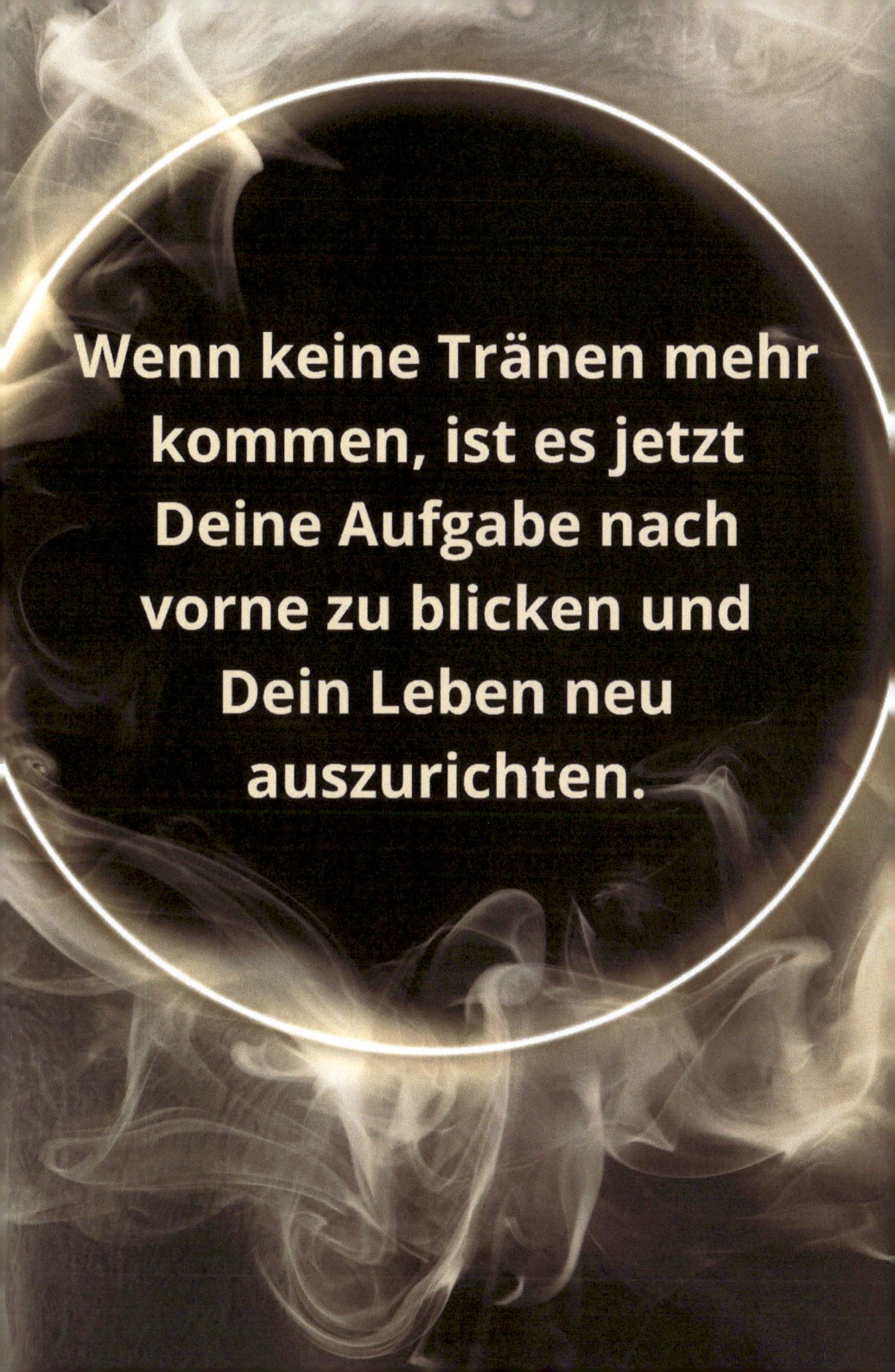

Wenn keine Tränen mehr kommen, ist es jetzt Deine Aufgabe nach vorne zu blicken und Dein Leben neu auszurichten.

Bau Dein Leben neu auf!

Wenn keine Tränen mehr kommen, ist es jetzt Deine Aufgabe nach vorne zu blicken und Dein Leben neu auszurichten. Jetzt ist es an der Zeit anzupacken und es wiederaufzubauen.

Setz Dir Ziele, plane und pack an. Nimm Dein Leben, Dein Glück, Deine Zukunft in Deine Hand und hol Dir Deine Macht zurück.

Nutze Deine Energie jetzt bewusst und aktiv, um Dein Leben nach Deinen Vorstellungen zu gestalten. Gib Dir selbst den alt bewährten Tritt in den Hintern und leg los.

Kein anderer macht das für Dich.

Wenn Dir Wut hilft, dann nutze die Wut.

Ist es Stolz, der Dich aufrichtet und antreibt, dann sei die stolzeste Person, die Du Dir vorstellen kannst.

Ist es Freude, Liebe oder einfach die Zufriedenheit mit dem Jetzt, dann nutze diese Emotionen, um Deine Akkus aufzuladen, Dich zu stärken und wie ein Phönix aus der Asche aufzustehen.

Bleib nicht in der Vergangenheit hängen, weil Du auf eine Entschuldigung oder Wiedergutmachung wartest. Mach Dein Glück und Deine Zukunft niemals von einem anderen Menschen abhängig.

Du stehst jetzt hier und nun geh weiter, ohne Dich nochmal umzudrehen!

Du hast jetzt und hier die Möglichkeit, Dein Leben wieder zu kontrollieren und zu beweisen, dass man Dich nicht gebrochen, sondern nur noch stärker gemacht hat.

Schau den Gespenstern ins Gesicht und sage ihnen: „Ich habe keine Angst mehr vor Euch!"

Ich weiß, Du schaffst das!

Nenne 10 Wünsche, Ziele und Absichten, die Du in Deinem Leben erreichen, bzw. erleben möchtest.

Schalte Deinen inneren Kritiker aus. Es sind DEINE Wünsche.

Denk an eine gute Fee, die Dir diese Wünsche erfüllt. Sie müssen nur Dir gefallen. Nur DU musst sie verstehen.

Wo es Dich JETZT hinzieht, ist Deine nächste Aufgabe. Deine Sehnsucht zeigt Dir den Weg. Manchmal können es ganz alberne Wünsche sein. Aber wenn sie jetzt auftauchen, dann sind sie JETZT genau richtig für DICH:

1. . . . .
. . . .
. . . .

2. . . . .
. . . .
. . . .

3. . . . .
. . . .
. . . .

4. . . . .
. . . .
. . . .
5. . . . .
. . . .
. . . .
6. . . . .
. . . .
. . . .
7. . . . .
. . . .
. . . .
8. . . . .
. . . .
. . . .
9 . . . .
. . . .
. . . .
10. . . . .
. . . .
. . . .

Schreibe einen positiven Affirmationssatz zu jedem Deiner Ziele. Schreibe in der Gegenwart, so als ob es bereits so ist. Füge Adjektive wie fröhlich, leicht, entspannt oder glücklich ein. Es kann und darf sein, dass sich diese Sätze noch total falsch anfühlen.

Wichtig ist, dass sie positiv und in der Gegenwartsform formuliert sind. So als ob es jetzt bereits so ist.

„Ich bin glücklich" ist erst Mal ein Satz, den wir nicht glauben und schon gar nicht fühlen können. Er fühlt sich zuerst einmal wie eine Lüge an. Ignoriere das einfach.

- *Entspannt und glücklich verbringe ich regelmäßig Zeit mit meinen Freunden.*
- *Voller Freude fliege ich allein eine Woche nach Spanien in den Urlaub.*
- *Ganz leicht habe ich mir mein Traumauto gekauft.*
- *Mit jedem Tag werde ich immer stärker und stärker.*
- *Ich spüre immer mehr, was mir wirklich guttut.*
- *Usw.*

Unterschätze nie die Macht der Sprache! Die Sätze werden zu Deinen Gedanken und die Gedanken werden zu Deinem neuen ICH.

Deine positiven Affirmationen lauten:

1. . . . .
. . . .

2. . . . .
. . . .

3. . . . .
. . . .

4. . . . .
. . . .

5. . . . .
. . . .

6. . . . .
. . . .

7. . . . .
. . . .

8. . . . .
. . . .

9 . . . .
. . . .

10. . . . .
. . . .

11. . . . .
. . . .

12. . . . .
. . . .

13. . . . .
. . . .

14. . . . .
. . . .

15. . . . .
. . . .

An jedem Tag geht es mir in jeder Hinsicht immer besser und besser.

Das ist die wohl am meisten bekannte Affirmation, die man in seine täglichen Mantras mit einbeziehen sollte. Eigentlich reicht schon allein dieser Satz, um bereits kleine Wunder erleben zu können.

Ergänzen kannst Du Deine Ziele und Wünsche auch immer mit dem Zusatz: „Dieses oder etwas Besseres!"

So lässt Du das Universum ein bisschen mitspielen und hast die Möglichkeit auf kleine Wunder, mit denen Du sonst nicht gerechnet hast.

Aufgabe:

Lerne eine oder zwei Deiner Affirmationen auswendig.

Über den ganzen Tag hinweg sprich diese neuen Sätze laut aus oder formuliere sie ständig in Deinen Gedanken. Beim Kochen, beim Autofahren, vor dem Einschlafen. Lass das Radio aus, während Du Deine Affirmationen in Deinen Gedanken bewusst kreisen lässt.

Lass nur noch Deine Wunsch-Gedanken zu. Wenn Deine Gedanken abschweifen, sich wieder um tägliche Dramen, schlechte Nachrichten oder Deinen Verlust thematisieren, dann bemerke das und konzentriere Dich wieder bewusst auf Dein neues Ich. Dein neuer Ist-Zustand, den Du manifestieren möchtest. Denke kontrolliert Gedanken, die Dein neues ICH denken soll, bzw. denken würde.

Meditation

Setz Dich entspannt hin und schließe Deine Augen. Überlege Dir verschiedene Situationen, die Dein neues ICH durchleben wird.

- Wie betritt Dein neues, starkes ICH das Büro?
- Wie bestellt Dein neues ICH Kaffee in einem Restaurant?
- Wie reagiert Dein neues ICH in Situationen, die Du mit Deinem schmerzhaften Erlebnis in Verbindung bringst?
- Wie verhält sich Dein neues ICH an Orten, die Du sonst gemieden hast?
- Wie ist Dein neues ICH gekleidet?

Betritt gedanklich Deine Arbeit als selbstbewusste/r Kämpfer/in. Bestelle in Gedanken Deinen Kaffee fröhlich mit einem Lachen im Gesicht.

Manche Situationen werden ganz einfach zum Durchspielen gehen. Andere Situationen kannst Du Dir nicht einmal vorstellen und fällst bei Deiner Visualisation immer wieder in Deine alte Rolle zurück.

Jetzt liegt es an Dir und an Deiner Willenskraft, die Situationen sooft gedanklich zu üben, bis Du Deine Wunsch-Rolle perfektioniert hast.

Du kannst auch mal bewusst und übertrieben das Gegenteil durchspielen:

Stell Dir vor, wie Dir in Deiner Arbeit das Mitleid Deiner Kollegen entgegenströmt. Wie sie Dich betüddeln und sich um Dich kümmern.

Mach Dir bewusst, dass diese Situation auf ihre ganz eigene Art und Weise auch sehr verführerisch sein kann. Die Aufmerksamkeit, die Hilfe, die Unterstützung die Du als kleines schwaches Opfer von außen erhältst. Aber wie lange möchtest Du diese Rolle leben (spielen)?

Spiele in Deiner Meditation stattdessen gedanklich die Reaktion Deiner Kollegen durch, wenn Du gut gelaunt, stark und motiviert in die Arbeit kommst.

> Was fühlt sich besser an? Was möchtest Du in Zukunft fühlen? Wie willst Du wahrgenommen werden? Entscheide Dich und diese Szene wiederholst Du in Deiner Meditation so lange, bis Du es spüren kannst.

Grundsätzliches

Du bist das, was Du denkst und glaubst. Deine Realität ist das, was Du von ihr denkst und glaubst. Wenn Du das, was Du denkst oder glaubst aktiv und bewusst veränderst, kannst Du Deine Realität aktiv und bewusst verändern.

Es steht und fällt mit der eigenen Willenskraft. Denn, was am häufigsten wiederholt wird, gewinnt und wird als neuer Glaubenssatz, neues Gefühl, neue Routine in Dein Unterbewusstsein sinken.

Wenn Du an Deiner neuen Überzeugung arbeitest, wird Dein Unterbewusstsein anfangen sich zu wehren. Es will seine gewohnten Glaubenssätze nicht so einfach loslassen.

Es können Zweifel auftauchen wie: „Was soll diese Übung schon bringen?" oder „Ich habe eigentlich gar keine Zeit für so einen Mist!". Ängste können auftauchen oder plötzlich fallen Dir ganz wichtige Sachen ein, die Du schon lange erledigen wolltest.

Auch körperliche Reaktionen, wie z. B. „Von dieser Übung wird mir ganz übel!", können eine Reaktion darauf sein. An dieser Stelle wäre es einfacher, wieder in seine alte, traurige Rolle zu fallen.

Sieh die Reaktionen und Einwände als einen verzweifelten Versuch Deines Unterbewusstseins an, Dich bei Deiner Arbeit zu behindern und Dich in Deiner gewohnten Komfortzone festzuhalten. Du weißt ja nicht genau, was Dich erwartet, wenn Du als Dein neues ICH lebst. Es könnte ja auch schlimmer werden, als es jetzt ist. Und genau davor versucht Dich Dein Unterbewusstsein zu beschützen. Vor dem Unbekannten.

Jetzt liegt es an Dir!

An Deiner Willenskraft und an Deiner Ausdauer.

Raus aus der gewohnten „Komfort-Zone". Auch wenn der Komfort vermutlich zu wünschen übriglässt, denn sonst würdest Du ja hier nicht immer noch in diesem Heft lesen.

Du kannst Dir Deine Sätze auch als MP3 aufnehmen und mit Kopfhörern permanent anhören, bis es Dir leichter fällt sie selbst aktiv zu denken oder laut auszusprechen.

Ja, es ist so einfach. Probiere es doch einfach aus.

Was hast Du denn zu verlieren?

Aufgabe:

Über den ganzen Tag hinweg sprich Deinen positiven Satz laut aus oder formuliere ihn ständig in Deinen Gedanken.

Wie ein Schauspieler, übe Deine neue Rolle. Wie würdest Du kochen? Wie würde Dein neues ICH Autofahren? Wie würdest Du Dich kleiden?

Wie ein geistiges Rollenspiel, übe Dein neues ICH. Unterhalte Dich in Gedanken als Dein neues, besseres, glücklicheres ICH mit Deinen Freunden.

Geh raus! Geh unter Leute!
Tu so als ob.

Spiele Deine neue Rolle, bis Du sie fühlen kannst. Bis sie immer mehr Dein neues ICH geworden ist. Merke Dir, wie sich Dein neues ICH anfühlt und versuche dieses Gefühl aktiv und bewusst zu verstärken.

Durch pure Willenskraft wirst Du feststellen, dass es Dir immer leichter fallen wird, diese neue Rolle, dieses neue ICH zu sein.

Schreibe zu jedem Deiner Ziele eine Kleinigkeit, die Du bereits heute dafür tun kannst, um sie zu erreichen.

1. . . . .
. . . .

2. . . . .
. . . .

3. . . . .
. . . .

4. . . . .
. . . .

5. . . . .
. . . .

6. . . . .
. . . .

7. . . . .
. . . .

8. . . . .
. . . .

9 . . . .
. . . .

10. . . . .
. . . .

Tu es!

Schlusswort

Herzlichen Glückwunsch!

Du hast alle Übungen und Meditationen aus diesem Heft gemacht.

Nun verschließe es und räume es weg. Am Besten in Deine hinterste Schublade. Du hast Deine Aufgaben jetzt erst mal erfüllt. *(Ich verklebe meine Hefte meistens sogar mit dickem Klebeband.)*

Du kannst jetzt getrost LOSLASSEN und mit Vorfreude nach vorne blicken. Vergiss, dass Du in diesem Heft gearbeitet hast. Das ist ein wichtiger Teil der Arbeit.

Dann Geh raus! Das Universum liefert nicht aufs Sofa.

Geh unter Leute. Mach Small-Talk. Sei offen, sei fröhlich, sei neugierig, sei interessiert.

Sei jetzt der, der Du sein willst. Reagiere, fühle, antworte bereits jetzt mit Deinem neuen Ich.

Folge Deiner Intuition, Deinem inneren Flow, Deinem Gefühl und gehe ihm nach. Lass Dich überraschen.

Ich wünsche Dir ein tolles, spannendes und aufregendes Leben.

Du bist wundervoll!

Weitere Bücher von Maria Anna Bröder

Wünsche aktivieren
Reihe: Schriftliche Meditation für mehr Klarheit und Freiheit
ISBN 978-3-75345-8922, 70 Seiten, DIN A5

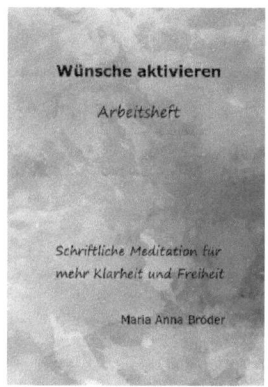

Der erste Schritt auf dem Weg Deine Ziele zu erreichen, ist es sie zu kennen. Sie greifbar zu machen. Im Alltagsstress sind unsere Gedanken oft so konfus und ungeordnet, dass es uns schwerfällt, uns zu fokussieren. In dem Moment, in dem Du beginnst Deine Ziele so zu konkretisieren, dass Du sie aufschreiben kannst, hast Du schon einen großen Schritt zu ihrer Verwirklichung beigetragen.

Ein Problem durchschauen
Reihe: Schriftliche Meditation für mehr Klarheit und Freiheit
ISBN 978-3-75344-1948, 64 Seiten, DIN A5

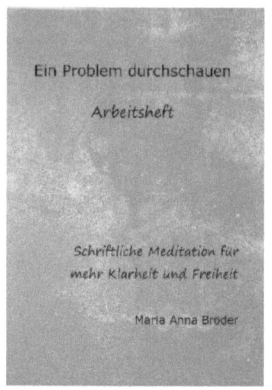

Jedes Problem, jede unerwünschte Situation/Realität bringt Dir einen Vorteil, auch wenn Du ihn Dir vorerst nicht eingestehen möchtest. Hinter jedem Ziel, jedem Wunsch, der für Dich schwer erreichbar scheint, versteckt sich ein "Nachteil" für Dich. Oft sind es nur Vorurteile, die ohne hinterfragt zu werden im Unterbewusstsein ihre Sabotagearbeit leisten. Mit diesem Arbeitsheft: "Ein Problem durchschauen" kannst Du Dir diese unbewussten Überzeugungen ins Bewusstsein holen.

Ich bin Ich

Reihe: Schriftliche Meditation für mehr Klarheit und Freiheit
ISBN 978-3-75346-4114, 70 Seiten, DIN A5

Dieses Heft ist Deine eigene Definition, Dein ganz persönlicher Wikipedia-Eintrag. Hier geht es nur um Dich. Wer bist Du? Was bist Du? Wie bist Du? Wo definierst Du Dich über andere, wo machst Du Dich von anderen abhängig? Nutze dieses Heft als eine absolute Bestandsaufnahme. Eine Inventur. Es gilt Grenzen zu erkennen und Unbewusstes bewusst zu machen. Erkenne starre Muster und Verhaltensweisen. Lerne aus ihnen mehr über Dich selbst und wachse. Wenn Du weißt, wer Du bist, hast Du die Möglichkeit wortwörtlich IN DIR zu ruhen.

Ein Ziel manifestieren

Reihe: Schriftliche Meditation für mehr Klarheit und Freiheit
ISBN 978-3-75346-2615, 66 Seiten, DIN A5

Zahlreichen Studien und Berichten zufolge denken wir täglich bis zu 60.000 Gedanken. Diesen ständig präsenten Gedankenstrom, diese ständig präsente Stimme im Ohr, tragen wir permanent mit uns herum und beeinflusst unbewusst unser Handeln, unsere Reaktionen und unser Befinden. Übernimm die Verantwortung und beeinflusse aktiv, was Du denkst und somit bewusst Dein Auftreten, Deine Ausstrahlung und Dein Leben.

Liebe und Akzeptanz in der Partnerschaft

Reihe: Schriftliche Meditation für mehr Klarheit und Freiheit
ISBN 978-3-75193-4008, 59 Seiten, 17x22 cm

Menschen, die wir lieben, oder die uns sehr nahestehen, können uns am meisten verletzen. Da uns diese Menschen so wichtig sind, legen wir jedes Wort, jede noch so kleine Reaktion auf die Goldwaage. Hinterfrage ich aber meine eigene Reaktion, habe ich die Möglichkeit, mir tiefere Verletzungen, Muster oder Gewohnheiten ins Bewusstsein zu holen, zu erkennen und somit aufzulösen. Wenn ich mir selbst absolut klar bin, was ich will und warum, kann ich meinem Partner helfen mich zu verstehen und die Partnerschaft/Beziehung kann wachsen und reifen. Gemeinsam könnt Ihr so Eure Partnerschaft und Eure Zukunft bewusst gestalten. Mit Hilfe dieses Hefts kann aus einem Streit ein gemeinsames Erforschen und Entdecken werden.

Nachschlagewerke, Quellen, weiterführende Literatur:

„Ich bin das Licht!", Neale Donald Walsh, ISBN 3929475898

Frederic Dodson
„Increase your Energy"; ISBN 1541062922
„Energie-Level – Eine spektrale Reise durch die
Bewusstseinsebenen" ISBN 3890946941
„Reality Creation Coaching" ISBN 9783890945064
„Reality Creation für Fortgeschrittene ISBN 3890945988
„Paralleluniversum des Selbst" ISBN 3890945988
„Reality Creation – Die kontrollierte Erschaffung von
Realität" ISBN 3890943942
„Reality Creation and Manifestation" ISBN 978-1534842809
Und weitere seiner Bücher zum Thema Reality Creation und
Energie-Level.

Andreas Winter: Abnehmen ist leichter als Zunehmen